AF224754

NAPOLÉON III

EN ALLEMAGNE.

TRADUIT DE L'ALLEMAND.

PARIS. — TYPOGRAPHIE DE HENRI PLON,

IMPRIMEUR DE L'EMPEREUR,

RUE GARANCIÈRE, 8.

NAPOLÉON III

EN ALLEMAGNE.

TRADUIT DE L'ALLEMAND.

L'Empire, c'est la paix.

TEXTE ORIGINAL.	TRADUCTION.
STUTTGART	PARIS
CHEZ J. SCHEIBLE.	HENRI PLON, ÉDITEUR,
	8, RUE GARANCIÈRE.

1857

NAPOLÉON III

EN ALLEMAGNE*.

L'Empire, c'est la paix.

CHAPITRE PREMIER.

Dans quelques jours Louis-Napoléon mettra pour la première fois comme empereur des Français le pied sur le sol allemand, où il a passé plusieurs années de sa jeunesse. Il ne vient pas parmi nous en étranger ; il a été élevé au milieu de nous ; il s'est initié dès son jeune âge à la connaissance de notre caractère, de nos mœurs, de notre histoire et, ce qui résume tout, — de notre langue.

Nous ne l'avons pas oublié, pas plus, sans doute, qu'il ne nous a oubliés nous-mêmes au faîte de sa puissance. Il nous est

* Traduction fidèle de la brochure qui a paru à Stuttgart, librairie de J. Scheible, sous le titre de : NAPOLÉON III IN DEUTSCHLAND.

donc permis d'espérer que l'empereur des Français ne reverra pas sans une douce émotion cette terre qui fut sa patrie adoptive. Pour nous, il sera un hôte bienvenu.

Mais quel que soit notre désir de n'évoquer autour du puissant monarque que ces souvenirs de son enfance si vifs dans nos cœurs, nous ne saurions nous le dissimuler, il y a un abîme entre l'époque à laquelle ces souvenirs se rattachent et celle qui, dans quelques jours, va s'ouvrir pour nous.

Cet abîme, nous le disons avec franchise, ne s'est pas mis entre nous, parce que celui qui sera bientôt notre hôte est devenu, de l'exilé d'autrefois, l'empereur actuel des *Français*. Non, les haines aveugles n'entrent pour rien dans notre appréciation de la différence des temps ; mais comment n'être pas frappé d'étonnement, en voyant ce jeune homme qui vivait parmi nous dans la retraite et portant son nom si riche de souvenirs et d'espérances, choisi par la Providence pour être entre ses mains l'instrument du salut de l'Europe? Devant le spectacle de cette élévation, en présence des choses que dans l'espace de sept ans l'ancien élève d'Augsbourg a faites pour la France, pour l'Europe, pour l'humanité, comment ne pas s'incliner avec un sentiment de vénération sincère pour celui qui est aujourd'hui placé à une immense distance de nous et dont on peut dire sans idolâtrie : *C'est l'envoyé de Dieu : Fuit homo missus a Deo ?*

J'entends les cris qu'un patriotisme arriéré pousse à ces mots. Je ne saurais pas davantage oublier tout ce qu'une haine aveugle et une basse jalousie, mises en mouvement pendant sept années par toute espèce de ressorts, ont osé dire et faire contre le gouvernement de Louis-Napoléon ! Mais c'est là précisément ce qui m'a fait entreprendre cet écrit. Après avoir, sept années durant, attentivement suivi dans les moindres détails, avec l'impartialité la plus persévérante, *sine ira et sine studio,* cet immense événement de l'élévation d'un Napoléon sur le trône de France, je crois en ma qualité d'Allemand pouvoir faire entendre à mes compatriotes quelques paroles raisonnables ; j'espère ainsi contribuer, autant qu'il dépendra de moi, à ce qu'aucune erreur ou de frivoles suggestions ne viennent altérer la confiance qui, grâce à Dieu, malgré tous les efforts contraires, commence partout à se manifester au sujet des intentions de l'empereur des Français pour l'Allemagne.

De tout temps, on s'est efforcé d'inspirer de la méfiance contre le gouvernement de Louis-Napoléon, d'abord contre sa politique intérieure, puis contre sa politique extérieure.

Nous allons consciencieusement essayer de mettre ces deux politiques dans leur véritable jour.

CHAPITRE II.

Les orgies de 1793 avaient détruit, *quant à la forme du moins*, toute espèce de culte; Napoléon Ier vint et rétablit le culte, contrairement à l'avis et au conseil de beaucoup de ses fidèles.

Mais le grand homme connaissait le peuple mieux qu'eux, et surtout le peuple français ; il savait que des décrets auraient été impuissants à faire jaillir le sentiment religieux du sein des individus comme de celui des masses, si ce sentiment n'y avait réellement existé. Aussi la France poussa-t-elle des cris d'enthousiasme en l'honneur de celui qui restaurait le culte ; puis elle retourna à l'ordre, au repos et au bien-être.

L'Empire succéda aux orgies de 1848. Napoléon III savait que les sentiments du peuple français réclamaient non-seulement la forme du gouvernement monarchique, mais surtout le principe monarchique, et il proposa au peuple le rétablissement de la monarchie, ce que l'on accepta avec une unanimité telle qu'il serait difficile d'en trouver un second exemple dans les annales de l'histoire ; et la France retourna à l'ordre, au repos et au bien-être.

Louis-Napoléon, après avoir reçu comme Président de la République les marques les moins équivoques en faveur de ces dispositions populaires, prononça à Bordeaux les paroles à la fois si remarquables et si significatives : « L'Empire, c'est la paix, » et il ajouta : « Lorsque la France est satisfaite, le monde est tranquille. »

Mais voici qu'on voudrait déjà nous faire accroire que la France se repent de son œuvre, qu'elle est mécontente, et on veut que ce prétendu mécontentement soit le résultat du joug qui pèse sur la presse française. Nous ne voulons pas soulever ici de polémique ni examiner ce dicton, que la presse, à l'exemple du serpent, porte l'antidote de son poison en elle-même. Nous ne voulons pas même prétendre que l'abus dont la presse française s'était rendue coupable devait naturellement produire, dans l'opinion publique, une réaction qui ne lui serait pas favorable. Nous nous permettons une seule observation qui, en tant que nous sachions, n'a pas encore été faite : — C'est que la position particulière dans laquelle se trouvait la France devait créer à la presse une position tout aussi particulière.

Dans aucun autre pays de l'Europe on ne met en question la dynastie régnante, et en Angleterre moins que partout ailleurs; c'est que la loyauté des whigs y égale celle des tories. Il en est tout autrement en France, où les prétendants, si on n'en excepte pas ceux de la république bleue et ceux de la république rouge, s'appellent : légion. Cette situation étant donnée, comment permettre à la presse de discuter librement et d'une manière absolue la question dynastique, et cela surtout après l'expérience que l'on a faite, et quand on considère que dans la France actuelle l'activité personnelle de l'Empereur forme en quelque sorte la clef de voûte de tout le système politique ?

Cette dernière circonstance même fait naître en Allemagne des réflexions qui sont ou hypocrites ou sérieuses, mais que nous ne saurions partager. Lorsque le peuple élut pour empereur Louis-Napoléon, que la Providence lui désignait comme l'homme i la sauverait du danger, il attendait de lui qu'il réaliserait, étan u pouvoir, les principes auxquels tenait le peuple avec une inv lable fidélité; le gouvernement personnel de Napoléon n'est donc au fond que le rigoureux accomplissement d'un devoir que le peuple lui a imposé, et nous pouvons rendre grâces à Dieu de lui avoir donné le courage, la force et la capacité nécessaires pour remplir ce devoir. Non, le peuple français n'a, sous ce rapport, nullement changé de sentiment; n'avons-nous pas vu, il y a quelques jours, les paysans du sud et de l'ouest de la France rechercher et saluer *leur* empereur, et les paysans, cet élément fondamental du peuple, le font avec d'autant plus d'enthousiasme, qu'ils voient que le choix de leurs instincts a déjà porté les plus beaux fruits.

Mais pourquoi nous arrêter sur ce point? Quel est l'homme à nous tous? Qui admirons-nous? Qui fait tomber impuissantes les balles chauffées par la haine de *nos* rouges? De qui sommes-nous fiers? Qui vit comme ami et comme protecteur dans la chaumière du paysan? Qui, parmi tous les princes allemands, règne en souverain dans les palais des rois? L'autocrate Frédéric II, *notre grand Frédéric!* A de tels souverains le cœur et l'esprit du peuple accordent constamment et volontiers un bill d'indemnité.

Les dynasties qui depuis 1815 ont disparu de la France sont désormais jugées ainsi que la République, et nous autres Allemands nous avons toute espèce de raisons pour être contents de la consolidation d'une dynastie qui seule paraît appelée à donner satisfaction aux traditions du peuple et aux nécessités que réclame notre époque.

On a fait grand bruit des dernières élections de Paris, mais qui ignore qu'à Paris, il se trouve toujours une réserve de mécontents politiques, prêts à soutenir toute mauvaise cause? nous savons bien aussi qu'une partie de la bourgeoisie a voté pour Cavaignac, Goudchaux et consorts; mais, si l'on posait à ces bourgeois la perspective d'un changement de gouvernement, ils reculeraient certainement avec effroi. Ce sont des enfants qui jouent en plaisantant avec le feu, parce qu'ils savent que la maison est incombustible.

Nous avons malheureusement en Allemagne une masse de gens qui font partie de la catégorie de ceux qui ont voté pour Cavaignac, et même certains propriétaires de journaux qui de Paris se font adresser sur les affaires en France des lettres provenant de réfugiés, parmi lesquels, ainsi que nous l'a affirmé la Rédaction d'un journal fort estimable, les réfugiés politiques ne sont pas précisément ceux qui ont le plus mauvais aloi. Ces messieurs (propriétaires de journaux) ne voudraient sans doute pas que l'horrible drame de 1848 recommençât, et cependant ils ne se font pas scrupule d'ouvrir les colonnes de leurs journaux aux épanchements pitoyables, sous tous les rapports, de ces réfugiés.

Heureusement, il y a quelque chose que le peuple allemand estime plus que la parole, les faits ; et c'est d'après ces faits, quoi qu'on en dise, qu'il juge l'empereur des Français, parce que les faits parlent si haut en sa faveur qu'on écoute d'autant moins ces vains bavardages, qu'ils paraissent d'ailleurs suspects.

D'un autre côté, l'esprit droit de notre peuple empêche également de dénaturer impunément les faits. Et combien n'a-t-on pas cherché à rendre suspects tous les actes de Louis-Napoléon ! Mais il nous semble que la presse, qui, par des raisons que nous ne croyons pas devoir examiner, s'était principalement chargée de cette tâche, renonce aujourd'hui, irrésistiblement forcée par l'opinion publique, à ce métier, du reste fort peu honorable. La *Gazette des Postes d'Augsbourg,* l'un des principaux organes du catholicisme allemand, nous fournit à cet égard l'exemple le plus éclatant. Un correspondant de cette feuille y réprimande dans le numéro du 2 décembre l'un de ses collègues d'une manière si énergique, que nous ne pouvons nous empêcher de citer l'article entier, tout en assurant que l'auteur a parfaitement compris l'ensemble et la portée de la question.

« Des bords du Lech , 29 août.

» Votre correspondant a sans aucun doute beaucoup de pensées excellentes et est un estimable allié dans cette lutte inévitable contre la bureaucratie hostile à l'Église. Mais il va évidemment trop loin dans ses sentiments de prédilection pour *l'aristocratique Angleterre* et dans sa haine contre la *France impérialiste,* et cela, entre autres, dans le numéro 231. Loin de nous l'idée de prétendre que l'impérialisme, dans son état actuel, est un gouvernement essentiellement bon et parfait ; mais nous croyons pouvoir admettre comme un fait incontestable, que *pour la France,* telle qu'elle est, après que toutes les formes de gouvernement y ont été reconnues absolument impraticables et par conséquent impossibles, l'impérialisme tel qu'il est constitué aujourd'hui est *la seule possible* et *relativement la meilleure.* Ajoutez à cela qu'en France le peuple, l'armée et le clergé sont les soutiens de l'Empire et de l'Empereur ; or, ce peuple, cette armée et ce clergé sont catholiques ; ils reconnaissent et honorent l'Empereur comme souverain catholique, et d'ailleurs le chef de l'Église est avec lui dans de très-bons rapports. Il y a plus : Parmi les peuples catholiques la nation française occupe le premier rang, et parmi les souverains catholiques il n'y en a, en dehors de l'illustre empereur d'Autriche, aucun qui ait pour l'Église une plus grande importance que l'empereur actuel des Français. Ainsi donc, nous autres catholiques ne nous blessons nous pas au vif en cherchant, sans observer le moindre égard, à déprécier l'empereur catholique du premier peuple catholique, tandis que l'illustre clergé de France est fidèlement dévoué à ce monarque, en cherchant à présenter la forme impériale comme vouée à une perte inévitable ? Des visionnaires mécontents et voyant tout en noir, M. de Montalembert, par exemple, qui tout en étant fou de la tribune ne laisse pas, sous beaucoup de rapports, d'être un

homme de mérite, et M. A. de Tocqueville avec ses désirs im-
modérés de liberté et d'indépendance, ne trouvent sans doute
pas la France impériale de leur goût; ils préfèrent la forme
gouvernementale de l'Angleterre. Mais c'est avec raison qu'un
historien spirituel et protestant, le Dr W. Menzel, dit dans sa feuille
littéraire (1857, n° 62), *que la France n'est pas plus l'Angleterre que les Français ne sont les Anglais.* En même temps il
fait cette observation si juste : Des écrits du genre de ceux qu'ont
récemment publiés les deux hommes en question, sur la perfec-
tion de l'Angleterre et sur la décadence de la France, « excitent
les esprits contre l'ordre de choses existant; ils le minent, *sans
donner aucune garantie que ce qui viendra après sera meilleur........* » Nous suivons avec une grande attention les symp-
tômes de mécontentement qui se manifestent en France, et nous
sommes loin de les encourager. Mais en voyant des savants, des
académiciens, des hommes qui ont le passé clairement à l'esprit et qui sont assez avancés en âge pour connaître le cœur
humain, chercher, avec une rage concentrée et poussés par une
soif de destruction, à ébranler ce qui existe, ainsi que des anar-
chistes de profession, il nous est pour ainsi dire impossible de
comprimer l'étonnement que nous cause cette erreur; car elle
devient de plus en plus un fléau pour les nations les plus intel-
ligentes et pour les hommes qui en font l'ornement et l'orgueil.
La liberté qui, suivant la forme anglaise, laisse un libre jeu à
l'aristocratie du talent et du mérite a été depuis longtemps
essayée sous le gouvernement de Louis-Philippe, et elle a subi
l'épreuve avec aussi peu de succès que la démocratie pure.
Pourquoi donc vanter cette liberté par-dessus toute chose?
L'impérialisme a été non-seulement la conséquence forcée du
long et excessif abus que l'on a fait de la liberté; mais il est
même, pour ainsi dire, dans le sang du peuple. Pourquoi ne
veut-on pas reconnaître cette forme de gouvernement, examiner
et fixer son droit et sa raison d'être, et si l'on n'en est pas tout
à fait content, la corriger et lui donner des avis? Pourquoi la
dénoncer d'une manière absolue comme *materia peccans* qui a

besoin d'être totalement rejetée hors du corps social de la France?..,. La soif d'argent n'est venue ni sous Napoléon Ier ni sous Napoléon III ; elle est venue pour la première fois au nom et sous l'égide de la liberté du Directoire et pour la deuxième fois encore au nom et sous l'égide de la liberté donnée par le gouvernement de Juillet. L'immense corruption du monde bureaucratique, de la presse et même de la tribune, le vertige de la Bourse, qui a entraîné le vaisseau politique de la France au milieu des écueils les plus dangereux, sont les produits de la liberté, de la république sous le Directoire et de la bourgeoisie constitutionnelle. Ce n'est pas l'honnête soldat qui a corrompu les mœurs de la France, mais bien l'agioteur bourgeois portant l'uniforme que l'État lui a donné, qui faisait parade de libéralisme et dont l'abominable régime a, pour l'avoir trop bien mérité, été renversé par la révolution de Février. Le napoléonisme survenu au milieu de la fange qu'avaient accumulée sous le Directoire et sous la dynastie de Juillet ceux qui avaient voué leur amour à la liberté et leur haine au despotisme, le napoléonisme en a été sali sans avoir rien fait pour le mériter. Si les Français sont tels que les dépeignent les ennemis mêmes de l'impérialisme, alors, ou la révolution sera permanente en France, elle éclatera de toutes les façons, ne souffrira aucun gouvernement, *pas même le meilleur,* ou *la France a besoin d'une main de fer.* Or, ne vouloir être gouverné à aucun prix, ou avoir la révolution en permanence, quel est l'homme sensé qui puisse le désirer? Il y aurait beaucoup plus de patriotisme *à faciliter plutôt qu'à s'efforcer d'entraver un gouvernement aussi intelligent qu'est celui de l'Empereur.*

» Voilà, ce me semble, ce que votre correspondant devrait bien peser ; il devrait surtout ne pas oublier que, si le patriotisme ne commande pas aux Allemands de rendre des hommages aveugles à l'empereur des Français, ils sont au moins tenus à lui rendre la *justice qui lui est due.*

» La chute de l'Empire serait infailliblement la ruine de la

France, et peut-être celle de l'Europe civilisée. Mais, quand même cette ruine d'un grand État catholique ne serait pas précisément pernicieuse pour l'Allemagne, qui en est voisine, quand même la dissolution de la France deviendrait pour le développement de l'Allemagne une source de puissance et de grandeur, ce ne serait pas moins une politique audacieuse et anti-chrétienne que celle qui fonderait des espérances patriotiques et allemandes sur la perte d'un grand empire voisin qui est catholique. Il se peut qu'une telle politique soit anglaise, mais nous doutons fort qu'elle soit catholique. »

Les journaux autrichiens et ceux qui, dans la presse allemande, ont l'air de recevoir leur mot d'ordre de l'Autriche, reviennent de leurs écarts, forcés qu'ils y sont par la crainte de récolter juste le contraire de ce qu'ils ont semé. Nous lisons à cet égard, à la date du 10 septembre, dans la *Gazette autrichienne,* dont on ne saurait méconnaître le caractère semi-officiel :

« Le choix que l'on a fait de la capitale du Wurtemberg a naturellement une tout autre signification que celui de Darmstadt, si on avait préféré cette dernière ville. La prochaine entrevue, pour nous servir de l'expression d'un homme d'État haut placé et tout à fait initié à ce qui se passe, *ne doit inspirer de l'inquiétude à aucun gouvernement ; elle doit aucontraire rétablir parmi les grandes puissances l'entente troublée par la guerre d'Orient, et fonder entre les monarques de l'Europe une amitié sincère et durable.* »

CHAPITRE III.

L'empereur Napoléon a, par son gouvernement en France, non-seulement bien mérité de la société et de la civilisation, mais aussi et surtout des peuples, par sa politique extérieure. Et cependant, si l'on a mis l'Empire en suspicion, nié la légitimité de son existence, mis en doute sa durée et sa vie, on a bien plus encore suspecté et calomnié la politique extérieure de l'Empereur.

Le caractère du peuple allemand est tel, que celui-ci ne prête pas longtemps l'oreille à de criantes injustices, et l'époque n'est pas éloignée où l'Allemagne reconnaîtra qu'aucun souverain étranger n'a, plus que Louis-Napoléon, tenu compte des intérêts de l'Allemagne et de sa position en Europe.

Il sera facile de le prouver par des faits.

Deux puissances ont tenu l'Europe dans une espèce d'assujettissement qui n'en a pas été moins sensible, pour n'avoir pas été ouvertement exercé. Mais il pesait sur nous comme un cauchemar; et qui nous en a délivrés, si ce n'est Louis-Napoléon?

Nous avons, dans des écrits sans nombre, donné place aux appréhensions que nous donnait le colosse du Nord. Et voilà que ce colosse a été réduit à ses justes limites.

Combien, d'autre part, plus encore que dans le reste de l'Allemagne (et c'est là un fait caractéristique), ne s'est-on pas plaint en Autriche de la conduite hautaine de l'Angleterre?

Or qui, avant toutes les autres nations, a inspiré du respect à l'Angleterre, qui l'a forcée à ne pas abuser désormais des moyens dont elle dispose dans sa puissance, mais à les utiliser uniquement dans les limites de son droit et de la justice? Ai-je encore besoin de prononcer le nom de celui qui l'a fait?

Et quelle a été la récompense de cet homme? Sa récompense a été qu'en Allemagne, plus que partout ailleurs, on l'a accusé d'une soif d'ambition et de domination sans bornes; on est allé jusqu'à lui reprocher de chercher à humilier tous les princes et tous les peuples.

Mais les faits ne donnent-ils pas le plus éclatant démenti à toutes ces accusations?

Si Louis-Napoléon avait voulu humilier l'Angleterre, il aurait mis à profit les désordres dont l'Inde est en ce moment le théâtre, et aurait offert du secours à l'Angleterre, qui aurait été mise, par ce fait, dans la nécessité d'avoir pour lui la plus grande et la plus humble déférence.

Si Louis-Napoléon avait voulu humilier la Russie, il aurait (et seul il en avait le pouvoir) continué la guerre, il aurait précipité la Russie dans l'abîme sur les bords duquel elle était arrivée. Car si aujourd'hui seulement nous apprenons que la Russie était épuisée au moment de la chute de Sébastopol, il faut bien admettre que l'empereur Napoléon le savait bien long-temps avant nous.

Que de fois n'a-t-on pas cherché à insinuer que Napoléon n'oublierait jamais la conduite de la Prusse lors des conférences de Vienne! Or (et c'est là l'honneur de la Prusse), à peine celle-ci s'est-elle, dans le conflit de Neufchâtel, adressée à la France, comme étant la puissance médiatrice la mieux posée, que Napoléon, au grand étonnement de l'Europe, a donné à cette question une solution qui a suffisamment prouvé combien l'empereur des Français a été sincère quand il a dit : « L'Empire, c'est la paix ! »

Que d'accusations n'a-t-on pas portées contre la politique de l'Empire touchant la Belgique, l'Espagne et l'Italie ! Et que répondent les faits ?

Ces faits disent que la Belgique est, aujourd'hui encore, ce qu'elle s'est faite elle-même, en 1830, et qu'elle n'a d'autres ennemis que les erreurs inhérentes à ses institutions, .

Ils disent, en outre, que l'Espagne subit aujourd'hui, moins que jamais, l'influence de la France ; Napoléon est un trop profond homme d'État pour ignorer que l'intervention ressemble fort à une médecine que l'on n'administre que *in articulo mortis*, et, dans ce cas même, avec la plus grande circonspection.

Quant aux conjectures auxquelles on s'est livré à l'égard de Naples et de l'Italie, elles ont si pleinement tourné à la confusion de ceux qui les ont hasardées, qu'un sentiment de pitié nous empêche d'en dire un seul mot.

Le but de la politique impériale est si clairement marqué par les faits, que le doute n'est plus possible à cet égard. Napoléon veut la paix, il la veut maintenir tout autant en dépit de l'anarchie qu'en dépit de l'esprit de conquête. Il sait qu'il existe des questions que la *nécessité* oblige à résoudre, mais auxquelles la la guerre et l'anarchie sont impuissantes à donner une solution.

Élevé lui-même dans l'art de la guerre et distingué honorablement dans sa spécialité, il juge l'armée comme étant une école de subordination pour le peuple, un rempart contre l'anarchie, puis comme un moyen de faire prévaloir le rôle que la Providence a imposé à la France.

La vive conscience que l'Empereur a de ce rôle lui a valu des accusations d'un autre genre. C'est ainsi qu'on a dit qu'il vise à devenir le médiateur dans toutes les questions du monde.

Cette accusation nous a d'abord bien plus surpris encore que toutes les autres.

Depuis que l'empereur Napoléon III est monté sur le trône, il y a dans sa carrière principalement ce fait, qui donne lieu à de sérieuses réflexions; il ne recherche rien, il ne provoque rien, mais d'elles-mêmes les choses prennent aussitôt une physionomie telle, qu'on en appelle immédiatement à lui pour toutes les questions à résoudre, et cela est d'autant plus étonnant que, la première fois, la puissance qui recourut à lui était celle qui se défiait le plus de lui : l'Angleterre!

Qui ne se rappelle l'extravagante levée de boucliers de la presse anglaise contre Louis-Napoléon au commencement de son règne? On ne l'accusait de rien moins que de vouloir opérer une descente en Angleterre, et l'on s'occupa sérieusement de mettre les côtes britanniques en état de défense. Le grand souverain, *sævis tranquillus in undis*, laissa passer l'orage, et, un an après, Napoléon entrait à Londres en excitant un enthousiasme indescriptible chez le peuple anglais.

Depuis lors jusqu'à ce jour, chaque événement a contribué à lui donner le rôle de médiateur dans les grands différends politiques, à la grande satisfaction des peuples, qui ont confiance dans sa sagesse et plus encore dans sa modération.

Le seul motif de l'accomplissement d'un devoir que lui imposent les intérêts de l'Europe le conduit aujourd'hui en Allemagne.

Les prévenances de la Russie à l'égard de la France peuvent ou êtres sincères ou manquer de franchise, mais la France doit les regarder comme sincères jusqu'à preuve du contraire. Aujourd'hui que la dernière guerre lui a inspiré des idées plus saines sur sa propre puissance, la Russie paraît avoir compris que la civilisation est plus forte que la barbarie, et que l'empire des czars ne pourra rivaliser avec les puissances occidentales que quand il rendra hommage aux mêmes divinités.

Si la Russie est réellement venue à résipiscence, nous n'avons plus lieu de la craindre ; sinon, nous avons encore infiniment moins de raisons pour la redouter.

Quant à l'entrevue de l'empereur des Français avec l'empereur de Russie, entrevue si longtemps désirée par celui-ci, elle aura certainement pour but de confirmer Alexandre II dans ses bonnes intentions, de lui montrer que la Russie doit remplir une mission supérieure à celle d'un épouvantail pour la civilisation occidentale. Nous pouvons jeter avec confiance les yeux sur les conférences de Stuttgart, car il est impossible d'admettre qu'ici Napoléon III puisse se désister d'une politique à laquelle il doit la gloire dont il jouit parmi les contemporains, la gloire que lui réserve la postérité.

Mais, dira-t-on, pourquoi la France joue-t-elle le rôle de médiateur ? La Prusse, l'Autriche ne pouvaient-elles pas s'en charger tôt ou tard, attendu que, tout compté, l'Allemagne a un intérêt plus immédiat que la France à l'organisation pacifique de la Russie ?

La réponse à cette question a été faite d'avance par un organe dont nous reproduisons l'article d'autant plus volontiers, que, sur ce point, la compétence de cet organe prime toutes les autres.

La *Nouvelle Gazette de Prusse* écrivait, dans son article de fond du 10 septembre : « La Prusse et l'Autriche sont en connexion ; destinées à agir l'une sur l'autre, elles se regardent chacune comme le modèle de l'autre. Mais ces deux puissances sont en même temps divisées par la jalousie avec laquelle chacune d'elles observe le développement de l'autre, et craint d'y trouver des bornes à sa propre puissance. Plus l'Autriche gagne en unité, et plus le pouvoir du souverain se développe dans l'intérieur de l'empire, plus aussi augmentent les craintes de la Prusse de voir un jour l'Allemagne sacrifiée à cette centralisation dévorante. De même, plus la royauté devient puissante en Prusse, plus aussi l'Autriche commence à craindre que la couronne impériale ne reste plus son privilége exclusif. Lorsque l'Autriche met à exécution l'idée primitive de l'empire germanique, et qu'elle réalise la suprématie allemande sur les Slaves, les Roumains, les Magyares et les Italiens, la Prusse doit aussitôt craindre que les États allemands ne soient aussi voués à la domination autrichienne; lorsque la Prusse étend et consolide son influence dans le Nord, l'Autriche commence aussitôt à appréhender que le royaume du Nord ne devienne assez puissant pour remplir la tâche qui incombe à l'Empereur. »

Il est clair que, dans un tel état de choses, l'antagonisme existant au cœur de l'Allemagne, entre la Prusse et l'Autriche, se ferait également sentir au dehors ; que deviendrait alors le rôle du médiateur ?

Nous sommes obligés de le reconnaître, quelque mortifiant que soit cet aveu dans la bouche d'un Allemand, l'Allemagne a, durant la guerre contre la Russie, offert un bien triste spectacle. Il est prouvé aujourd'hui que la France aurait pu, sans le concours même d'aucun allié, vider à elle seule la querelle ; car c'est à peine si elle se ressent du sacrifice de deux milliards et de la perte de 150,000 soldats ; elle est aujourd'hui plus riche et plus puissante que jamais. Mais Napoléon devait supposer que la grande nation allemande comprendrait combien elle était liée à la France par les liens de la civilisation, et que, dans cette guerre, le sentiment profond d'une étroite solidarité devait l'attacher à la France, et cependant l'Empereur a été trompé dans son attente. Par rapport au peuple ? Non. Qui n'a pas lu avec enthousiasme les glorieux exploits des armées alliées pour la cause de la civilisation ? Combien de *nos* soldats ont senti frémir leur glaive dans le fourreau, à chaque nouveau bulletin de cette lutte héroïque dont les résultats ont été, avant tout, favorables à l'Allemagne, et qui a été pourtant terminée sans sa coopération ! Mais les cabinets en avaient décidé autrement ; il y en avait même qui croyaient pouvoir récolter sans avoir semé.

Et, à cet égard, qu'on nous permette de citer encore la *Nouvelle Gazette de Prusse ;* elle écrivait à la date du 3 septembre de cette année :

« Il est hors de doute que les autres grandes puissances n'en-
» treprendront plus souvent de régler à l'avenir leurs différends
» sans l'intervention de l'Allemagne ; il est hors de doute que
» les hommes d'État d'Allemagne ne pourront plus longtemps
» se refuser à reconnaître que l'*Allemagne* est le véritable Em-
» pire de l'Europe centrale, c'est-à-dire la puissance qui aura à
» dire le dernier mot dans toutes les questions européennes, et
» qui permettra à celui qu'elle aidera de ses armes de trancher
» d'une manière définitive les questions d'un intérêt universel.

» C'est la conscience de cette vérité qui dirigeait Napoléon Ier,
» lorsque, à la tête de la confédération du Rhin, il cherchait à
» prendre pied en Allemagne, et que, maître de la confédéra-
» tion du Rhin, il renforçait de telle sorte l'un des principaux
» caractères de la constitution allemande, que la paix de West-
» phalie avait déjà mise sous la garantie de l'Europe, c'est-à-
» dire la tendance des électeurs vers une souveraineté territo-
» riale, que la puissance impériale, réduite à l'état de fantôme,
» était forcée de quitter la scène politique. »

C'est assurément cette position de l'Allemagne que Napoléon III a publiquement reconnue, lorsqu'il s'est adressé à l'Allemagne pour l'engager à se ranger de son côté dans une cause que personne ne prétendra n'avoir pas été une cause allemande.

Mais, tout en approuvant les assertions de la *Nouvelle Gazette de Prusse ,* nous dirons néanmoins à ce journal : Eh quoi ! si l'*Allemagne*, c'est-à-dire la puissance qui aura à dire le dernier mot dans toutes les questions européennes, ne sait pas même mettre à sa *propre disposition* les forces qu'elle possède, comment lui sera-t-il possible de revendiquer la déci-sion suprême dans les questions d'un intérêt universel ? La *Nouvelle Gazette de Prusse* peut répondre, il est vrai : La guerre contre la Russie n'était pas une question d'un intérêt universel et encore bien moins une question allemande. Ce serait là une réponse qui ne trouverait certes pas d'écho en Allemagne.

Les journaux qui ont la prétention d'être inspirés par un certain cabinet ont deux chevaux de bataille dans leur polémique contre la politique extérieure de la France. L'un s'appelle la lutte contre la question des Principautés, l'autre la question des duchés.

On le sait, il n'est pire sourd que celui qui ne veut pas entendre; aussi est-il complétement inutile de répéter à ces journaux que la France ne veut autre chose si ce n'est que la question des Principautés soit résolue conformément aux vœux des populations. Mais adoptons le langage de ces journaux et admettons hardiment que la France veuille l'union des Principautés. En agissant ainsi, nous ne voyons là aucune raison pour mettre au pilori la politique de la France, et nous ne croyons même compromettre en aucune façon notre patriotisme, si, à l'exemple d'un correspondant viennois de la *Gazette d'Augsbourg*, que copie *as in duty bound* la *Gazette des Postes de Francfort*, nous ne voulons pas, à propos de la question des Principautés, mettre sur le compte de la France les désordres dont Tunis vient d'être le théâtre, ou si même nous ne faisons pas arriver une ambassade tunisienne à Vienne pour y chercher aide et appui contre les convoitises de la France désireuse d'arrondir ses possessions africaines. Nous ne voudrions pas davantage, à l'exemple d'un correspondant viennois de cette même *Gazette des postes de Francfort*, pousser des cris d'alarme au sujet du pont à construire entre Strasbourg et Kehl, comme si ce pont conduisait de France en Allemagne, et non pas aussi bien d'Allemagne en France.

Nous connaissons le but de ces diversions forcées, et nous sommes seulement surpris de les voir se produire avec si peu d'urbanité.

Nous croyons néanmoins que la question des Principautés vaut la peine qu'on l'examine et qu'on la juge d'un point de vue plus élevé que celui d'une cabale ridicule.

Il y a encore assez de questions, de véritables causes de discorde en Europe, pour que l'on n'ait pas à craindre d'en diminuer le nombre. Telles qu'elles sont aujourd'hui constituées, les Principautés forment un nœud dangereux dans la filière embrouillée des affaires d'Orient, et ce nœud ne peut être tranché que par l'union. L'Autriche elle-même devrait en hâter la solution. N'a-t-elle pas assez d'embarras de tous les côtés? Plus d'une fois déjà elle en a appelé à l'Allemagne pour implorer sa protection en faveur de l'intégrité de ses États non allemands. Ce n'est pas ici le lieu de traiter de pareilles questions ; mais pense-t-elle nous trouver mieux disposés en sa faveur, si elle s'approche de nous avec un passif encore plus considérable qu'auparavant? On jugera des proportions que ce passif aurait prises par l'effet du protectorat de l'Autriche sur les principautés danubiennes, si l'on se rappelle que les Roumains ont manifesté à haute voix une invincible antipathie contre les troupes de l'Autriche, durant le temps même de l'occupation autrichienne.

En admettant même que le jeune souverain de l'Autriche pût se décider à écouter la voix séductrice d'une politique d'agrandissement, il nous est impossible de croire que les hommes d'État mûris par l'expérience qui exercent encore une grande influence à Vienne fussent capables de dissimuler leurs justes inquiétudes sur les résultats d'une politique semblable.

Nous croyons fermement que certains organes se posent, uniquement par amour-propre, comme recevant les inspirations du cabinet de Vienne. Nous sommes persuadé qu'on ne peut à Vienne lire sans un certain effroi des articles dans lesquels on se pique de défendre la politique autrichienne et où l'on rencontre des passages tels que ceux-ci (voir le *Deutschland* du 3 septembre) :

« C'est précisément dans les débats, aujourd'hui vidés, pro-
» voqués par la nécessité d'exécuter le traité de paix, que l'em-
» pereur Napoléon a éprouvé échec sur échec. L'affaire de Bol-
» grad, celle de l'île des Serpents, se sont terminées contre sa
» pensée et contre sa volonté. Il s'est donné beaucoup de peine
» pour obtenir que de nouvelles conférences se tinssent à Paris
» dans le but de résoudre ces difficultés, et, bien loin de réussir,
» il a été obligé de battre en retraite. L'Angleterre et l'Autriche
» sont restées maîtresses du champ de bataille et ont joui de la
» gloire d'accomplir ce qu'elles avaient si prudemment combiné.
» Quant à la réorganisation des provinces danubiennes, qui suit
» la marche que chacun sait, il a sans doute remporté une vic-
» toire, mais il n'a pas encore fait triompher définitivement sa
» volonté; il est encore bien loin d'avoir atteint le but qu'il se
» propose; il ne s'en est pas même rapproché. Bien plus, on
» peut se demander s'il ne vient pas de livrer une brillante
» affaire uniquement pour masquer sa retraite et pour cacher
» son échec, enfin prévu, quant à ce qui concerne le point
» capital. »

Ainsi, d'après le *Deutschland,* on devait considérer l'admi-
rable modération de l'empereur des Français comme une preuve
de la défaite de la France, comme le trait caractéristique de la
victoire de l'Autriche. Heureusement cette démence, cet aveu-
glement ne sont pas même partagés par ceux qui ont pris l'ha-
bitude de refuser leur hommage au gouvernement impérial,
uniquement parce que ce n'est pas le gouvernement auquel ils
ont voué leurs sympathies.

La *Revue des Deux-Mondes* écrivait, dans son dernier numéro (15 septembre), après avoir fait spirituellement justice des
conjectures ridicules que l'on émettait sur l'entrevue passée d'Osborne comme sur l'entrevue future de Stuttgart : « Le gouverne-
» ment français aurait pu premièrement continuer la guerre quand
» elle existait; il n'aurait fait que céder aux vœux de l'Angle-
» terre, et alors toutes les questions d'équilibre continental et

» de territoires ne tardaient pas à s'élever d'elles-mêmes. Il y a
» un an, Bolgrad et la délimitation de la Bessarabie offraient
» une belle occasion de brouiller les affaires de l'Europe. Il y a
» peu de jours, le conflit diplomatique qui a surgi à Constanti-
» nople pouvait être une grande tentation. On n'avait qu'à lais-
» ser aller les choses. Le bon droit évident était du côté de la
» France ; il y avait une alliance toute formée entre les quatre
» puissances jetées dans un camp, tandis que l'Angleterre et
» l'Autriche étaient dans l'autre. Transportez cette situation dans
» l'Occident, l'Europe est partagée en deux. Cependant, on
» l'a vu, aucune de ces occasions n'a été exploitée. Dans
» ces circonstances diverses et également favorables, c'est la
» France qui est intervenue pour la paix, c'est la France qui a
» fait cesser la guerre ; c'est elle qui a mis fin aux brouilleries
» de Bolgrad, et c'est elle encore qui vient de dissiper, dans un
» moment d'entrevue, tous les nuages qui s'étaient élevés à
» Constantinople. Vous devez en conclure évidemment que l'em-
» pereur des Français n'a point le dessein de se jeter aveuglément
» dans la guerre, même pour arriver à ce qu'il peut désirer ; et,
» s'il ne veut point la guerre, que deviennent toutes vos combi-
» naisons d'Osborne et de Stuttgart ! »

La question assurément fort embrouillée des duchés devait
naturellement être le cheval de bataille favori des adversaires
quand même du régime impérial. On croyait pouvoir en profiter
pour mettre en jeu l'amour-propre national, et, sans contredit, on
a usé de tous les moyens pour y réussir. Évidemment la question
des duchés, envisagée du point de vue allemand, du point de
vue le plus récent, le plus patriotique, est une question purement allemande. Mais, d'un autre côté, les traditions les plus
anciennes de la politique française ont fait du Danemark l'allié
de la France, et ici, bon gré, mal gré, nous devons faire prévaloir l'axiome : *Audiatur et altera pars.* L'Allemagne ne saurait
trop se plaindre des rapports qui existent entre la France et le
Danemark, attendu que la France protége le Danemark contre

la prépondérance de deux États qui seront toujours tentés de considérer le Danemark comme un pied-à-terre, et cela non dans l'intérêt de l'Angleterre. Ainsi, tout en accordant que la question des duchés est, dans son principe, une question purement allemande, nous ne pouvons nous empêcher de reconnaître qu'il serait sage de prendre en considération les rapports particuliers qui existent entre la France et l'Angleterre, ce que nous pouvons faire avec d'autant moins de crainte, que la sagesse et la modération de l'empereur des Français nous sont un garant que, de son côté, il tiendra, avant tout, compte des prétentions de l'Allemagne et qu'il amènera une solution qui ne blessera en rien le bon droit des Allemands.

N'oublions pas que, dans la question des duchés, la presse que l'on prétend inspirée par le cabinet de Vienne est précisément celle qui fait le plus de bruit; entraînée par un zèle exagéré et passablement affecté, elle devrait au moins se rappeler que ce qu'elle dit contre le Danemark et en faveur du Schleswig-Holstein pourrait être dit avec non moins de justice de la Lombardie et contre l'Autriche. Ce qui est juste pour l'un l'est aussi pour l'autre. Cette même presse, si elle avait tant soit peu le sentiment des convenances, saurait au moins être plus modérée dans sa colère contre la France. Elle comprendrait alors que les assassins qui ont voulu livrer l'Italie à Mazzini ne vont pas à Vienne, où ils savent qu'ils n'obtiendraient que de fort minces résultats, mais à Paris, parce que Mazzini ne sait que trop bien que c'est là que réside le sauveur et le protecteur de la société. Si ces écrivains avaient seulement un peu de cœur, ils comprendraient que Napoléon III, tout en portant, parmi les couronnes du monde, celle qui est la plus digne d'envie, porte également une couronne chargée d'épines dont la plus cuisante s'appelle *l'Italie.*

Nous nous sommes aperçu que, dans le conflit au sujet du Schleswig-Holstein, plusieurs organes de la couleur protestante se sont singulièrement échauffés contre la prétendue velléité qu'aurait la France d'intervenir dans la question des duchés ; or, nous craignons fort que cette disposition d'organes, d'ailleurs fort honorables, non-seulement du protestantisme, mais encore des idées libérales dans le nord et le centre de l'Allemagne, ne provienne de ce que la politique de l'Empereur est mal comprise par eux. Les protestants d'Allemagne se figurent, nous le croyons, qu'un homme tel que Napoléon III est capable de supporter dans l'État un État qui reconnaîtrait une autre souveraineté que la sienne. Il se peut que l'Empereur voie avec plaisir qu'en sauvant la société française, il a favorisé les intérêts de la religion, et qu'en maintenant l'autorité temporelle, il n'a pas été moins utile à l'autorité ecclésiastique ; mais, dans tous ses actes, cet homme sait si bien marquer à tous les excès leur *nec plus ultra,* il a déjà donné tant de preuves de sa mâle énergie , que nous ne craignons nullement de voir naître un état de choses qui, tout en excitant les inquiétudes légitimes des protestants de l'Allemagne, serait pourtant sanctionné par le système qui dominerait en France.

Quant à ce qui concerne les idées libérales, si on fait abstraction des théories pour n'envisager que les faits par lesquels ces idées sont réalisées, le gouvernement de l'Empereur a le droit de demander qu'on le regarde et qu'on le proclame comme le gouvernement le plus libéral de la terre entière.

Nous ne voulons pas examiner en ce moment si la presse libérale et protestante ne cherche pas, dans une polémique roulant sur la lettre morte, les moyens de critiquer la politique intérieure sous le spécieux prétexte de s'attaquer uniquement à la question des relations extérieures.

CHAPITRE IV.

Au moment où nous écrivons ces dernières lignes, Napoléon III met le pied sur le sol germanique. Nous verrons face à face l'homme dont l'habileté gouvernementale remplit d'admiration jusqu'à ses envieux, jusqu'à ses adversaires. Il vient à nous pour consolider de plus en plus l'œuvre de la paix. Montrons-lui que le peuple allemand est un peuple juste et équitable, qu'il sait apprécier les véritables qualités du souverain. Montrons-lui que nous avons confiance dans les sentiments d'un homme qui mérite d'être regardé, dans toute l'Europe, comme l'homme du peuple ; car il est, en réalité, l'homme du peuple français, l'homme qui vit pour le peuple français.

Il a donné un démenti à toutes les suspicions que l'on avait conçues contre sa politique ; donnons maintenant un semblable démenti à ceux qui voudraient faire croire qu'ils sont nos interprètes quand ils persistent à conserver ces suspicions, même après avoir acquis la conviction qu'elles sont mal fondées.

Lors de l'exposition universelle de l'industrie à Paris, Napoléon adressa aux représentants de tous les peuples, et particulièrement à ceux du peuple allemand, des paroles qui sortaient du cœur et qui méritaient d'être conservées dans nos mémoires ; faisons voir que nous ne les avons point oubliées.

Pressons-nous en foule autour de notre vénérable souverain, de ce père de la patrie, dont le cœur vole au-devant du prince à qui nous devons la paix, et dont l'intelligence lumineuse n'a jamais méconnu les bienfaits qui devaient être le fruit de l'établissement d'une bonne entente entre l'empereur des Français et les souverains de l'Allemagne.

Réjouissons-nous de ce qu'il vient à nous, cet homme que la Providence nous a envoyé au milieu de nos souffrances ! nous pouvons le saluer de cœur et pousser des cris d'allégresse à sa rencontre ; car sa grandeur, sa puissance et son bonheur nous appartiennent tout aussi bien qu'à la France.